생각을 여는

처음탄탄
한국사

09

현대

생각을 여는

처음탄탄
한국사

09
현대

황은희 글 | 순미 그림

민주주의 지켜내자!

부정선거규탄

이승만은 하야하라!

정의

투표소

입구

스푼북

차례

01

광복을 맞이한
사람들의 바람은 무엇이었을까?

·
·
·
·
·

"아빠, 밖이 왜 이렇게 소란스러워요?"

"사람들이 만세를 부르고 있단다. 우리도 어서 거리로 나가자."

아리는 재빨리 아버지의 손을 잡고 따라나섰어. 거리에는 수많은 사람
이 눈물을 흘리며 만세를 외치고 있었지.

사람들은 왜 거리에서 만세를 불렀을까?

제2차 세계 대전
1939년부터 1945년까지 일어난 세계 대전이야. 독일, 이탈리아, 일본 등 추축국의 침입에 맞서 영국, 프랑스, 미국, 소련, 중국 등 연합국이 힘을 합쳐 싸웠지. 이때 태평양 지역에서 벌어진 전쟁을 따로 '태평양 전쟁'이라 부르기도 해.

제2차 세계 대전*이 한창이던 1941년, 일본은 미국 하와이의 진주만을 기습 공격해 태평양 전쟁을 일으켰어. 처음에는 일본이 기세를 올렸지만 점차 연합군의 공격에 밀려났지. 하지만 일본은 끈질기게 버텼어. 함께 전쟁을 일으킨 독일과 이탈리아는 이미 무릎을 꿇었는데도 일본은 항복하지 않았지.

최후의 수단으로 연합군은 일본 히로시마와 나가사키에 원자 폭탄을 한 발씩 떨어뜨렸어. 원자 폭탄으로 수십만 명의 사람들이 죽거나 다쳤지. 일본은 더 버티지 못하고 항복을 선언했어.

▲ 일본 나가사키에 떨어진 원자 폭탄
원자 폭탄은 엄청나게 많은 희생자를 내며 도시를 단번에 쑥대밭으로 만들었어.

1945년 8월 15일 낮 12시, 라디오에서 일왕의 떨리는 목소리가 흘러나왔어.

"…… 짐은 미국, 영국, 중국, 소련 네 나라가 공동 선언한 요구를 받아들일 것을 알리도록 하였다……."

방송을 들은 사람들은 일왕이 무슨 말을 하는지 잘 몰랐어. 하지만 곧 연합군에 공식적으로 항복을 선언한 것이라는 걸 알게 되었단다. 일본의 항복 소식을 들은 우리나라 사람들은 뛸 듯이 기뻤어. 너도나도 거리로 뛰어나와 함께 광복의 기쁨을 나누었지. 아빠를 따라 거리

▼ 항복 문서에 서명하는 일본
일본의 외무상이 항복 문서에 서명하고 있어.

▲ 광복의 기쁨에 환호하는 사람들

로 나온 아리도 사람들과 함께 기뻐했어.

광복으로 나라 안팎에서 활동하던 독립운동가들은 더욱 바빠졌어. 사실 여운형을 비롯한 일부 독립운동가들은 광복 이전부터 새로운 나라를 세우기 위한 준비를 착착 해 놓고 있었지. 조선 총독은 일본이 공식적으로 항복하기 며칠 전에 여운형을 몰래 만났어. 한반도에서 무사히 탈출하기 위해서였지. 이때 여운형은 조선 총독부로부터 치안권*을 넘겨받

치안권
사회의 안전과 질서를 유지하고 보전하는 권리를 말해.

기로 했어. 또 감옥에 갇힌 독립운동가를 즉각 석방하고 건국을 위한 정치 활동에 간섭하지 않는다는 약속도 받아 냈어. 대신 일본인들이 일본으로 안전하게 돌아갈 수 있도록 협조하기로 했지.

일본이 항복한 그날 여운형은 동료들과 '조선 건국 준비 위원회'를 만들었어. 그리고 한반도에 새 나라를 세우기 위한 준비 작업에 들어갔지. 조선 건국 준비 위원회는 광복 직후 한반도가 혼란

▲ 여운형
독립운동가이자 정치가로, 해방 이후에 조선 건국 준비 위원회를 이끌며 새 국가를 건설하는 일에 힘썼어.

에 빠지지 않도록 각지에서 치안 활동을 벌이며 질서를 유지했어. 하지만 정부를 어떻게 세울지, 친일파 문제는 어떻게 처리할지 등을 두고 사람들마다 의견이 나뉘었단다. 얼마 후 조선 건국 준비 위원회는 새로운 정부 '조선 인민 공화국'을 세우고 인민 위원회로 이름을 바꾸었어.

그런 가운데 38도선을 기준으로 한반도의 북쪽 지역은 소련군이, 남쪽 지역은 미군이 각각 점령했어. 두 나라는 힘을 합쳐 제2차 세계 대전을 승리로 이끌었지만 껄끄러운 경쟁자이기도 했지. 미국이 자본

우리 모두 힘을 모아
새 나라를 세웁시다!

자본주의
돈, 토지, 노동력 등 자본을 가진 사람
이 이윤을 얻기 위한 생산 활동을 하는
것을 보장하는 사회 경제 체제를 말해.
우리나라는 자본주의 사회이지.

사회주의
개인이 재산을 가지는 것을 허용하지
않는 사회 경제 체제를 말해. 자본주의
와 반대되는 개념으로 북한은 사회주
의 사회야.

주의*의 대표 나라였다면 소련은 사회주의*를 이끄

는 나라였거든.

태평양 전쟁 막바지에 소련은 군대를 이끌고 일

본을 공격하겠다고 선언했어. 소련군은 만주에 있

던 일본군을 물리치고 한반도로 물밀듯 내려오기

시작했지. 그러자 미국은 몹시 다급해졌어. 소련

이 만주와 한반도를 점령하면 사회주의의 영향력

이 커지지 않을까 걱정된 거야. 그래서 미국은 소련에게 한반도를 둘

로 나누어 다스리자고 제안했지. 소련과 미국은 북위 38도선을 기준

으로 경계선을 긋고 한반도의 북쪽은 소련이, 남쪽은 미국이 다스리

기로 정했어.

　소련은 직접 한반도를 다스리는 대신 김일성이 이끄는 인민 위원회를 통해 북쪽(북한)을 다스렸어. 반면 남쪽(남한)을 다스리게 된 미국은 한반도에 군대를 머물게 하고 직접 통치하기로 했지. 이를 '미군정'이라고 해.

　일제의 식민지에서 벗어나 광복을 맞이했지만 아직 한반도는 독립된 나라로 인정받지 못했던 거야.

▲ 38도선을 기준으로 나뉜 한반도

김구가 개인 자격으로 귀국한 이유는?

광복 이후 해외에 있던 수많은 우리나라 사람들이 조국으로 돌아왔어. 이들 중에선 마땅히 큰 환영을 받아야 할 사람들이 있었지. 일제의 눈을 피해 중국 땅에서 대한민국 임시 정부를 이끌던 독립운동가들이야.

하지만 현실은 그렇지 못했어. 미군정이 대한민국 임시 정부를 인정하지 않으면서 '임시 정부 관계자'라는 공식 자격으로 대우하지 않고 개인 자격으로만 귀국을 허가했거든. 또한 임시 정부 관계자들은 우리나라로 돌아와서 미군정에 협조하겠다는 약속을 해야 했단다.

1945년 10월, 이승만이 먼저 귀국했어. 그리고 11월에는 김구와 함께 임시 정부 관계자들이 귀국했지. 이들은 공식적인 대우를 받지는 못했지만 많은 국민들의 환영을 받았어.

◀ 귀국을 위해 상하이 공항에 도착한 김구
김구를 포함한 대한민국 임시 정부의 관계자들은 광복 후 개인 자격으로 귀국했어.

02

남과 북이
갈라진 이유는?

"자네는 어떤 후보를 뽑을 생각인가?"

"어허, 비밀일세. 그나저나 이번에는 우리 남쪽만 선거를 치른다지?"

규혁이는 부모님과 함께 투표소에 갔어. 차례를 기다리는 동안 어른들
이 하는 이야기를 들었지. 규혁이는 남쪽만 선거를 진행한다는 말에
고개를 갸웃했어.

왜 남쪽만 선거를 치르게 된 걸까?

▲ 조선 총독부 건물에 게양되는 미국 국기
미군은 조선 총독부에 내걸린 일장기를 내리고 미국 국기를 게양했어.

한반도 남쪽을 직접 다스리게 된 미군정은 친일파 관리들을 다시 불러들였어. 일본 경찰로 일했던 사람들도 그대로 두었지. 미군정은 당시 한반도 사정에 어두웠어. 그래서 조선 총독부에서 일한 경험이 있는 사람들에게 나랏일을 다시 맡기는 게 혼란도 막고 여러모로 이득이라고 생각했지.

이런 가운데 1945년 12월, 소련의 수도 모스크바에서 미국, 영국, 소련 세 나라 외무 장관들이 모여 회의를 열었어. 이들은 제2차 세계 대전의 패전국이 거느렸던 식민지를 어떻게 처리할지 머리를 맞댔지. 그중에는 일본의 식민

지였던 우리나라도 있었어.

이 회의에서 세 나라 장관은 한반도에 임시 민주주의 정부를 만들기로 했어. 이를 위해 미국과 소련이 공동 위원회를 열어 한국의 정당, 사회단체와 의논하기로 했지. 또 미국, 영국, 중국, 소련이 최대 5년간 신탁 통치를 하기로 했단다. 다시 말해, 한반도에 정식으로 정부가 세워지기 전까지 네 개 나라가 대신 나라를 다스리겠다는 말이었지.

회의 내용이 알려지자 한반도는 발칵 뒤집혔어. 이제 막 일본의 지배에서 벗어났는데 다시 다른 나라의 통치를 받으라니, 국민들은 크게 반발했지. 사람들은 신탁 통치 반대 운동을 벌였어. 하지만 곧 북쪽이 입장을 바꿔 신탁 통치에 찬성했어. 미국과 소련의 공동 위원회가 이 문제를 논의했지만 별다른 성과를 거두지 못했어. 미국은 한반도 문제를 유엔(UN, 국제 연합)*으로 넘겼단다.

유엔은 회의 끝에 한반도에서 총선거를 실시해 정부를 구성하기로 했어. 그리고 총선거를 감독할 유엔 한국 임시 위원단을 한반도에 보냈지. 하지만 소련과 북한은 유엔 한국 임시 위원단이 들어오지 못하게 막았어. 결국 유엔은 선거가 가능한 38선 아래 남쪽, 즉 남한에서만 총선거를 치르기로 했지.

김구를 포함한 민족 지도자들은 이대로 남한만 선거를 치르고 새 정부를 세우면 한반도는 영영 둘로 나뉘게 될 수도 있다고 생각하고 북한을 설득했어. 하지만 이런 노력에도

유엔
제2차 세계 대전을 계기로 설립된 국제 평화 기구야. 주로 국제 평화 유지와 전쟁 예방을 위한 활동을 하며 분쟁이 벌어진 곳에 평화 유지군을 파견하지. 이외에도 빈곤 국가나 자연재해로 어려움을 겪는 국가들을 돕고 인권을 보호하기 위한 활동 등을 하고 있어.

▲ 신탁 통치 반대 운동

▲ 대한민국 정부 수립
1948년 8월 15일, 대한민국 정부가 수립되었어.

불구하고 1948년 5월 10일, 끝내 남한에서만 선거가 치러졌단다. 규혁이네 부모님은 이때 투표를 하기 위해 투표소를 찾았던 거야.

총선거로 뽑힌 198명의 국회 의원은 제헌 국회를 구성하고 헌법을 만들었어. 헌법은 나라의 기본이 되는 법이자 누군가의 명령으로 바꿀 수 없는 가장 높은 법이야. 또 모든 법의 기초 역할을 하지. 1948년 7월 17일, 제헌 국회는 새롭게 만든 헌법을 발표했어. 그리고 1948년 8월 15일, 이승만을 초대 대통령으로 하는 대한민국 정부가 남한에 세워졌어.

제헌 국회
1948년 5월 10일 총선거를 실시하여 구성된 국회야. 우리나라 제1대 국회로 헌법을 제정했어.

이제 우리도 독립 국가가 된 거야. 한 달 뒤, 북한에도 정부가 세워졌어. 이 정부는 김일성을 수상으로 세우고 나라 이름을 '조선 민주주의 인민 공화국'이라 정했단다. 이렇게 남한과 북한이 각각 정부를 세우며 한반도는 분단되고 말았지.

청산
과거의 부정적인 요소를 깨끗이 씻어 버린다는 뜻이야.

한편, 제헌 국회가 만든 법안에는 친일파 청산* 이 포함되어 있었어. 광복 이후 일본의 앞잡이 노릇을 하던 친일파를 재판정에 세우고 벌주어야 한다는 목소리가 꾸준히 나왔거든. 국회는 이들 친일파를 심판할 '반민족 행위 처벌법'을 만들고 '반민족 행위 특별 조사 위원회(반민 특위)'

를 구성해 친일파들을 잡아들였어.

　하지만 친일파 처벌은 제대로 이뤄지지 못했어. 이미 친일파들이 나라의 굵직한 자리를 맡고 있었던 데다 반민 특위를 향해 온갖 협박을 일삼았거든. 김구도 이때 암살 당하며 목숨을 잃었어. 친일파 청산에 앞장서야 할 이승만 정부는 이에 소극적으로 대응했어. 오히려 친일파보다 사회주의를 따르는 공산주의자*를 찾아내는 데 더 적극적이었지. 결국 반민 특위는 해체되었고 친일파를 철저히 가려내 벌하는 데 실패했단다.

공산주의자
개인의 재산 소유를 인정하지 않고 모든 사람들이 재산을 공동으로 소유해서 빈부의 차를 없애려는 사상을 공산주의라고 해. 그런 사상을 가지고 그에 따르려는 사람을 공산주의자라고 하지.

제주도가 품고 있는 아픈 역사, 제주 4·3 사건

오늘날 제주도는 우리나라에서 손꼽히는 관광지야. 하지만 수많은 사람이 학살 당한 아픈 역사를 간직한 곳이기도 하지.

급진 세력
현재의 사회 제도나 정치 체제, 관행 등을 급격하게 바꾸려는 사람들을 말해.

보수 세력
급격한 변화를 피하고 현재의 체제를 유지하려는 사람들을 뜻해.

1948년 유엔이 남한에서 단독 총선거를 치르기로 결정하자 제주도의 급진 세력˚은 4월 3일 총선거에 반대하며 봉기를 일으켰어. 남북한이 함께 선거를 치러야 한다고 생각했기 때문이지. 이들은 제주 지역의 경찰서와 보수 세력˚의 집을 일제히 습격했어.

상황이 심각해지자 군대가 나섰지만 결국 5월 10일에 치러진 총선거에서 제주 지역 2개의 선거구는 선거를 치르지 못했어.

선거가 끝난 뒤에도 좀처럼 상황은 가라앉지 않았어. 정부는 군대를 동원해 나라를 어지럽히는 세력을 뿌리 뽑겠다며 제주도 이곳저곳을 습격했어. 그런데 이 과정에서 아무 죄 없는 사람들까지 희생된 거야. 봉기가 완전히 진압된 1954년까지 무고한 희

◀ 너븐숭이 애기무덤
제주 조천읍 북촌마을에 있는 무덤으로, 제주 4·3 사건 당시 북촌마을에서 희생된 어린아이들이 이곳에 묻혀 있어.

생이 계속되었어.

4·3 사건으로 무려 제주도민 2만 5,000여 명이 목숨을 잃었단다. 하지만 이 사건의 진상은 제대로 알려지지 못하고 오랫동안 묻혀 있었지. 정부는 아무 상관이 없는 사람들이 공산주의자로 몰려 희생되었다는 것을 인정하지 않았어. 2000년이 되어서야 정부는 다시 조사에 들어갔고, 마침내 4·3 사건에서 학살이 이뤄졌다고 인정했어. 그리고 제주도민에게 공식적으로 사과했지.

이후 아픈 역사를 기억하고 희생자를 추모하기 위해 제주도에는 제주 4·3 평화공원이 세워졌어.

▲ 제주 4·3 평화공원 위령탑
제주 4·3 사건의 희생자를 기리기 위해 세워졌어. 위령탑의 모양은 화해를 상징한다고 해.

6·25 전쟁은 사람들의 삶을 어떻게 바꾸었나?

"엄마, 아빠 어디 있어요?"

복순이는 수많은 사람들 틈에서 울음을 터뜨렸어. 복순이의 손을 꽉 잡은 오빠는 손을 놓치지 않으려고 애를 썼어. 피란길에는 복순이처럼 엄마, 아빠를 찾는 아이들이 한두 명이 아니었지.

사람들은 왜 피란을 가야 했을까? 부모를 잃은 아이들은 어떻게 되었을까?

38도선을 기준으로 남과 북에 각각 정부가 들어선 후, 38도선 부근에서는 크고 작은 총격전이 자주 벌어졌어. 사람들은 총소리가 들리면 으레 또 충돌이 일어났구나 하고 생각했어.

　　　1950년 6월 25일 새벽, 그날도 38도선 부근에서 요란한 총소리가 들렸어. 사람들은 그러려니 하고 넘겼지만, 곧 평소와 다른 상황이라는 것을 알아차렸지. 무장한 북한군이 아무런 예고도 없이 남한으로 쳐들어온 거야.

　　　당시 세계의 분위기는 미국과 소련의 대립으로 꽁꽁 얼어붙어 있었어. 미국은 사회주의의 확산을 경계하며 소련을 견제했고, 소련은 미국에 맞서 사회주의의 영향력을 퍼뜨리려 했지. 곧 세계는 미국이 이끄는 자본주의 진영과 소련이 이끄는 사회주의 진영으로 나뉘어 대립했어. 이를 '냉전*'이라고 해. 특히 1949년, 중국에서 마오쩌둥이 이끄는 공산당이 국민당을 몰아내고 사회주의 국가인 '중화 인민 공화국'을 세우자 동아시아에는 큰 긴장감이 흘렀지.

냉전
냉전은 '차가운 전쟁'이라는 뜻이야. 직접 무력을 사용하지 않고, 경제나 외교, 정보 등을 이용해 대립하는 것을 말하지.

사실, 남한과 북한이 각각의 정부를 세운 이후부터 북한은 전쟁 준비를 착착 하고 있었어. 김일성은 남한 정부를 무너뜨리고 한반도에 완전한 사회주의 정부를 세우겠다며 소련과 중국에 도움을 요청했어. 두 나라는 자기들이 전쟁에 참여하면 미국도 전쟁에 끼어들지 않을까 걱정이 되었지. 그래서 처음에는 북한의 부탁을 거절했어. 하지만 김일성은 도와주기만 한다면 미국이 끼어들기도 전에 남한을 점령하겠다고 큰소리를 떵떵 쳤어. 결국, 소련과 중국은 북한을 돕기로

미국이 끼어들기 전에 재빨리 남한을 점령하자!

했지. 6·25 전쟁은 이런 이유로 시작된 거야.

북한의 갑작스러운 공격에 남한 정부는 제대로 대응하지 못했어. 북한은 전쟁을 일으킨 지 3일 만에 서울을 차지하고 거침없이 남쪽으로 밀고 내려왔어. 난데없는 상황에 사람들은 살림살이를 챙겨 부랴부랴 피란길에 올랐지.

이승만 정부는 북한군에 밀려 대전을 거쳐 부산까지 내려갔어. 전쟁 한 달 만에 낙동강 아래쪽을 제외한 모든 땅이 북한군의 손아귀에 들어갔지. 이승만 정부는 부산을 임시 수도로 삼고, 남한을 지키기 위해 필사적으로 버텼어.

6·25 전쟁이 일어났다는 소식에 유엔은 회의를 열어 북한군을 침략자로 규정했어. 그리고 미군을 비롯한 16개국 군인들로 구성된 유엔군을 남한으로 급히 보냈지. 유엔군은 낙동강 방어선을 지켜 냈고,

◀ 인천 상륙 작전을 지휘하는
   맥아더 장군
유엔군은 인천에 병력을 상륙시키는 작전을 펼쳤어. 이 작전이 성공을 거두면서 불리했던 상황을 뒤집을 수 있었지.

불리한 상황을 뒤집기 위해 인천 앞바다에 상륙해 북한군의 뒤를 막아 버리기로 했어. 이 작전이 '인천 상륙 작전'이야.

인천 상륙 작전은 성공을 거두었어. 국군과 유엔군은 1950년 9월 28일, 서울을 되찾았지. 서울을 되찾은 국군과 유엔군은 기세를 몰아 38도선을 넘어 북으로 진격했어. 순식간에 평양, 원산을 점령한 국군과 유엔군은 압록강까지 밀고 올라갔어. 통일이 눈앞에 다가온 듯했지.

그런데 이때 중국이 나섰어. 엄청난 수의 중국군이 압록강을 건너와 국군과 유엔군을 공격한 거야. 중국은 북한이 무너지면 국경을 맞댄 나라이자 사회주의 국가인 자신들에게도 큰 위협이 될 거라고 생각했던 거지. 국군과 유엔군은 중국군의 공격에 38도선 아래 남쪽으로 크게 밀려났어. 북한군과 중국군이 다시 서울을 차지했지. 하지만 국군과 유엔군은 군대를 정비한 뒤 반격에 나서 서울을 되찾았단다.

이후 38도선 부근에서 밀고 밀리는 전투가 이어졌어. 전쟁이 길어지면서 수많은 사람이 죽고 자원이 소모되자 소련은 전쟁을 멈출 것을 제안했지. 미국은 소련의 제안을 받아들였고 휴전 회담이 시작되었어. 그런데 1951년 7월에 시작된 회담은 2년이 훨씬 넘게 계속되었단다. 군사 분계선을 어디로 할 것이며 양측의 포로는 어떻게 할 것인지 등의 문제를 놓고 입장이 좁혀지지 않았거든.

▼ 지도 위에 휴전선을 긋는 양측 대표 ▼ 정전 협정문

 1953년 7월이 되어서야 회담이 마무리되었고 지금과 같은 휴전선이 결정되었어. 그리고 1953년 7월 27일, 정전 협정이 체결되면서 남한과 북한은 전쟁을 멈추었어. 하지만 정전 협정은 말 그대로 '전쟁을 잠깐 멈춘다'는 것이지 전쟁을 완전히 끝낸다는 의미가 아니야. 그러니 언제든 전쟁이 다시 일어날 수 있는 거지.

 전쟁은 남한과 북한 모두에게 엄청난 피해를 남겼어. 수백만 명에 이르는 남북한의 군인과 민간인이 죽거나 다쳤지. 복순이 남매처럼 부모를 잃은 전쟁고아도 많았어. 남북한의 건물과 산업 시설은 물론 삶의 터전이 무너지고 황폐해졌지.

 이승만 정부는 전쟁으로 무너진 나라를 다시 일으키기 위해 국제

▲ 휴전선으로 나뉜 한반도

사회에 도움을 요청했어. 미국과 유엔은 남한에 물품을 보내 주고, 새로 건물을 세우고 시설을 복구할 돈도 지원해 주었지. 그 덕분에 남한은 빠른 속도로 전쟁의 피해에서 벗어날 수 있었어.

학생도 총을 들게 하는 게 전쟁이라고?

6·25 전쟁으로 나라가 큰 위기에 처하자 수많은 사람들이 스스로 군에 입대하거나 강제로 군대에 끌려갔어. 이들 중에는 하던 공부를 멈추고 군인이 된 사람들도 있었지. 바로 학도의용병(학도병)이야. 이들 대부분은 중·고등학생으로 한창 꿈을 키워 나가던 청소년들이었어.

▲ 학도의용병

학도의용병이 치른 전투 중 가장 유명한 전투는 바로 포항 전투야. 71명의 학도의용병이 국군의 지원도 받지 못한 채 북한군을 맞아 치열하게 전투를 벌였어. 하지만 71명 중 48명이 목숨을 잃었단다. 이 전투에 참여했다 목숨을 잃은 이우근 학생의 품에서는 어머니께 보내는 편지가 발견되었어. 다음은 편지 내용의 일부야.

어머니! 나는 사람을 죽였습니다. 그것도 돌담 하나를 사이에 두고, 10여 명은 될 것입니다. 저는 2명의 특공대원과 함께 수류탄이라는 무서운 폭발 무기를 던져 일순간에 죽이고 말았습니다. 수류탄의 폭음은 저의 고막을 찢어 놓고 말았습니다. 지금 이 글을 쓰고 있는 순간에도 제 귓속은 무서운 굉음으로 가득 차 있습니다.

어머니, 괴뢰군의 다리가 떨어져 나가고, 팔이 떨어져 나갔습니다. 너무나 가혹한 죽음이었습니다. 아무리 적이지만 그들도 사람이라고 생각하니 더욱이 같은 언어와 같은 피를 나눈 동족이라고 생각하니 가슴이 답답하고 무겁습니다.
......

6·25 전쟁 당시 2,500명에 가까운 학도의용병이 목숨을 잃었어. 누군가는 이들을 우리나라를 위해 목숨을 바친 진정한 영웅이라고 추켜세우기도 해. 하지만 그전에 어린 학생들이 목숨을 걸고 싸워야 하는 전쟁의 끔찍함에 대해 생각해 보아야 하지 않을까?

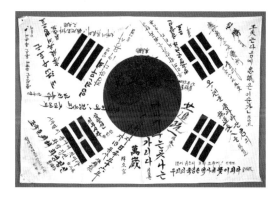

◀ 학도의용병 서명 태극기
경주 지역에서 자원한 학도의용병들이 자신의 이름과 전쟁에 임하는 각오 등을 적은 태극기야.

4·19 혁명이
일어난 이유는?

"옆 반 한승이가 시위에 나섰다가 총에 맞았대!"

"우리도 거리로 나가 형, 누나들과 함께 항의하고 맞서자!"

초등학교 6학년 동준이는 선생님과 반 친구들과 함께 광화문 거리로
나갔어. 이미 거리를 가득 메운 시민들이 너도나도 나서서 '민주주의
를 바로잡자. 독재를 멈춰라!'라는 구호를 외치고 있었지. 왜 사람들은
거리로 뛰쳐나와 시위를 벌이게 되었을까?

▲ 대한민국의 초대 대통령 이승만

1952년, 이승만 대통령은 6·25 전쟁이 한창이던 당시 헌법을 바꿔 대통령에 다시 당선되었어. 그리고 2년 뒤 또 헌법을 고치려 했지. 당시 헌법에 따르면 대통령과 부통령이 임무를 맡는 기간은 4년이고 두 번까지만 연이어 할 수 있었어. 그런데 이승만은 그 2회 제한을 없애려고 했어. 초대 대통령은 몇 번이고 대통령을 할 수 있게 헌법을 바꾸려고 한 거야.

이승만과 이승만이 이끄는 자유당은 투표를 통해 헌법을 고치려고 했어. 이렇게 헌법을 고치는 것을 개헌이라고 해. 그런데 헌법을 고치려면 국회 의원 203명 중 3분의 2가 찬성해야 했지. 이에 해당하는 수는 135.333…이니까 136명이 찬성해야 안건이 통과되는 거야. 그런데 투표 결과 135명이 나오자 이승만 정부는 소수점 아래를 버리면 135명만 동의해도 헌법을 고칠 수 있다고 주장하며 개헌안을 통과시켜

버렸어. 이것을 '사사오입 개헌'이라고 해. 어떻게든 헌법을 바꿔 대통령이 되기 위해 억지를 부린 거야. 그리고 나서는 정부에 비판적인 정치인들과 언론을 탄압했지. 불법을 저지르며 독재를 이어 가는 이승만 정부에 시민들의 불만은 점점 쌓여 갔어.

1960년 3월 15일, 대한민국의 제4대 대통령과 제5대 부통령을 뽑는 선거가 치러졌어. 이번에도 이승만 정부와 자유당은 온갖 수단과 방법을 가리지 않고 선거에서 이기려고 했지. 그러던 중 경쟁하던 다른 후보가 선거 직전에 사망하고 말았어. 이승만이 단독 후보가 되었으니 선거는 하나 마나였지. 그런데 이때 이승만은 나이가 너무 많았어. 이승만이 병으로 쓰러지거나 사망할 경우를 대비해 그 자리를 대

▲ 이승만과 이기붕 선거 전단

신할 부통령이 누가 될지가 중요했지. 자유당은 어떻게든 자신들이 내세운 후보인 이기붕을 당선시키고 싶었어.

그래서 자유당은 부정 선거를 계획했어. 이승만과 이기붕을 찍은 투표 용지를 미리 투표함에 넣어 두고, 세 명이나 다섯 명씩 함께 투표하도록 했어. 또 유권자에게 돈을 주기도 하고, 투표함을 바꿔치기하는 일도 저질렀지.

개표 결과, 이승만과 이기붕이 각각 대통령과 부통령으로 당선되었어. 하지만 국민들은 반발했지. 선거 당일에 마산, 서울 등 전국 곳

곳에서 이승만 정부와 부정 선거에 항의하는 시위가 벌어졌어. 그러던 중 마산 시위 현장에서 실종된 김주열 학생의 시신이 4월 11일 마산 앞바다에서 발견되었지. 왼쪽 눈에 커다란 최루탄*이 박힌 처참한 모습이었어. 이 참혹한 모습에 시민들의 분노는 하늘을 찔렀고, 시위에 나선 사람들로 길거리는 인산인해*를 이루었지.

4월 18일, 부정 선거와 독재 정권에 항의하는 시위를 끝마치고 돌아오던 고려대학교 학생들이 폭력배들에게 폭행을 당하는 일도 일어났어. 그런데 알고 보니 폭력배들은 자유당 정권과 연결되어 있었던 거야. 폭력배를 끌어들여 학생들을 두들겨 팼다는 소식에 국민들은 머리끝까지 분노했어.

그다음 날인 4월 19일, 수많은 학생과 시민들이 거리로 쏟아져 나왔어. 이승만 정권의 독재와 부정에 저항하며 일어난 이 민주주의 운동을 4·19 혁명이라고 해.

"3·15 선거는 부정 선거다! 다시 하라!"

"이승만은 하야하라*!"

시간이 흐를수록 독재 정권을 끌어내리려는 시위대의 수는 점점 늘어났어. 그러자 경찰들은 시위

최루탄
눈물이 나게 하는 약을 넣은 탄환으로 시위를 진압하는 용도로 많이 사용되었어.

인산인해
사람이 산을 이루고 바다를 이룬다는 뜻으로, 사람이 수없이 많이 모인 상태를 이르는 말이야.

하야하다
관직이나 정치에서 물러나는 걸 뜻해.

대를 향해 총을 쏘아 댔어. 초등학생이던 전한승도 이때 총에 맞은 거야. 한승이 외에도 많은 초등학생과 중학생, 고등학생들이 희생되었어. 이승만 대통령은 계엄령*을 내려 군인들이 총을 들고 시내 곳곳을 지키게 했어. 하지만 시위가 계속되자 이승만 정부는 더 버틸 수가 없었어. 결국 이승만은 대통령 자리에서 물러나 미국 하와이로 망명했지.

계엄령
군사적인 필요나 사회의 질서 유지를 위해 일정 지역의 행정권과 사법권을 군이 맡아 다스리는 것을 계엄이라고 해. 대통령이 계엄의 실시를 선포하는 명령이 계엄령이야.

이승만이 물러나자 헌법도 바뀌었어. 대통령이 모든 권한을 가지지 않고 국무총리가 나라를 다스리는 실질적인 권한을 가지는 내각 책임제가 들어섰지. 그리고 새 대통령과 국무총리가 뽑혔어. 시민들의 힘으로 새로운 정부가 세워지게 된 거야.

우리 부모 형제들에게 총부리를 겨누지 마라!

 수송초등학교 6학년 한승이가 학교 수업을 마치고 집으로 돌아가던 어느 날이었어. 이때 '이승만은 물러가라!'는 구호 소리와 함께 시위대들이 거리로 나왔어. 한승이는 그 모습을 지켜보고 있었지. 그때 어디선가 들려온 총소리와 함께 한승이의 머리에 총알이 박혔어. 한승이는 급히 병원으로 옮겨졌지만 끝내 목숨을 잃고 말았단다.

 이 소식이 전해지자 시민들은 큰 충격을 받았어. 한승이 또래의 어린 학생들이 선생님과 함께 '우리 부모 형제들에게 총부리를 대지 말라'는 현수막을 들고 거리로 뛰어나와 목이 터져라 구호를 외쳤지. 결국 4월 26일, 이승만은 대통령 자리에서 물러나겠다고 발표했단다.

◀ 4·19 혁명 희생자 전한승
 학생의 졸업장 수여식

05

18년 동안 대통령을
한 사람이 있다고?

"엄마, 저기 좀 보세요! 군인들이 탱크를 몰고 나와 있어요!"
엄마와 함께 서울역으로 가던 강숙이는 잔뜩 겁에 질렸어. 전쟁이 일어난 것도 아닌데 총을 든 군인들과 탱크 여러 대가 역 앞에 줄을 지어 있었거든.
왜 군대는 무장한 채로 서울역 앞을 지키고 서 있었던 걸까? 그리고 앞으로 어떤 일이 벌어질까?

4·19 혁명으로 이승만이 물러나고 새로운 정부가 들어서면서 시민들은 더 좋은 세상이 열릴 거라 기대했어. 이에 부응하듯 새롭게 뽑힌 국무총리는 취임식에서 경제 발전을 가장 중요한 과제로 손꼽았지. 그리고 3·15 부정 선거에 앞장섰던 사람들을 심판하기로 했어. 하지만 새 정부는 철저하게 죄를 묻는 대신 가벼운 처벌을 내렸지.

시민들은 결과에 크게 실망했지만 민주적인 사회를 만들겠다는 열망은 커져만 갔지. 그렇지만 이런 희망은 불과 1년도 안 되어 꺾여 버렸어. 1961년 5월 16일, 박정희를 중심으로 한 군인들이 쿠데타*를 일으켜 무력으로 정권을 잡았거든. 5·16 군사 정변이 일어난 거야.

◀ 5·16 군사 정변을 일으킨
박정희와 군인들

쿠데타를 일으킨 박정희와 군인들은 자신들이 무능한 정치인들로부터 나라를 구하기 위해 혁명을 일으킨 거라고 했어. 자신들의 역할이 끝나면 다시 정치인들에게 자리를 돌려주고 군인으로 돌아가겠다고도 말했지. 하지만 이는 지켜지지 않았어. 얼마 후 박정희는 대통령 중심제*로 헌법을 바꾸고 민주공화당을 만들어 대통령에 당선되었거든. 그리고 4년 뒤, 박정희는 또다시 대통령에 당선되었어. 헌법대로라면 이제 더 이상 대통령을 할 수 없었어. 하지만 박정희는 헌법을 또 바꾸어 대통령을 세 번까지 할 수 있게 만들었지.

쿠데타
군대 등 무력을 동원해 비합법적인 방식으로 정부의 통치권을 뺏는 걸 말해.

대통령 중심제
대통령을 중심으로 나라의 정치가 운영되는 정부야. 대통령이 강력한 권한을 가지고 행사하지. 대통령 중심제는 대통령의 권한이 너무 커질 경우, 독재가 이루어질 가능성이 있단다.

이게 끝이 아니야. 1972년 10월에 박정희 대통령은 전국에 비상계엄*을 선포했어. 국회는 해산되었고 대학들은 문을 닫았지. 그리고 박정희 정부는 헌법을 다시 고쳤어. 이 헌법을 '유신 헌법'이라고 해. 유신이란 '낡은 제도를 고쳐 새롭게 한다'는 뜻이야. 뜻만 보면 좋아 보이지만 실제는 그렇지 않았어. 유신 헌법은 박정희가 평생 대통령을 할 수 있게 보장한 헌법이거든.

유신 헌법은 대통령의 임기를 6년으로 정하고, 중임 제한 규정을 없앴어. 대통령을 횟수 제한 없이 여러 번 할 수 있게 만든 거지. 또 선

비상계엄
전쟁이나 국가 비상사태가 발생하여 정상적인 국가 기능이 어려울 때 대통령이 선포하는 계엄을 뜻해.

거 방식도 바꾸었어. 국민의 직접 투표가 아니라 '통일 주체 국민 회의' 라는 단체에서 투표를 해서 대통령을 뽑도록 한 거야. 당연히 통일 주체 국민 회의 대의원은 대부분 박정희를 지지하는 사람들이었지.

그리고 국회 의원의 3분의 1은 대통령이 추천할 수 있었고, 대법원 장 등 국가의 중요한 일을 맡은 사람도 대통령 마음대로 정할 수 있 었어. 국가에 긴급한 일이 일어나면 대통령 단독으로 긴급 조치를 내 릴 수도 있었지. 한마디로 대통령에게 모든 권한을 준 것이나 다름없 었어.

유신 헌법에 따라 제8대 대통령 선거가 서울 장충체육관에서 치러졌 어. 통일 주체 국민 회의 대의원들이 체육관에 모여 대통령을 뽑았어.

무효표 2표를 제외하고 99.9%가 박정희에 표를 던 졌고, 박정희가 또 대통령 이 되었어. 이 선거를 '체 육관 선거'라고 부른단다.

참다못한 학생과 시민 들은 유신 체제에 맞서 반대 시위를 벌였어. 기

▲ 제8대 대통령에 취임한 박정희

자, 신부, 목사, 스님, 대학교수 등도 유신 반대 운동에 나섰지. 유신 체제를 반대하는 목소리가 커지자 박정희 정부는 긴급 조치를 내려 시위를 철저하게 탄압했어. 술집, 길거리, 마을 등 어디서든 박정희 대통령과 정부를 비판하는 사람이 발견되면 바로 잡아 가두었어. 언론도 자기들 입맛대로 주물렀지. 심지어는 야당 정치인을 납치해 바다에 빠뜨리려고 하거나 국회 의원 자리를 빼앗는 등 정권 유지를 위해 별의별 일을 다 벌였어.

1978년 박정희는 또다시 대통령에 당선되었어. 결국 시민들의 불만이 폭발하고 말았지. 독재 정권에 대한 저항이 점점 거세지는 가운데 부산과 마산에서 시위가 일어났어. 이 시위는 들불처럼 번져 나갔어.

◀ 독재 정권에 반대하는 부산
과 마산 시민들의 시위

하지만 얼마 뒤, 박정희 정부가 갑작스럽게 무너지는 큰 사건이 일어났어. 1979년 10월 26일, 박정희 대통령이 중앙정보부 부장 김재규의 총에 맞아 목숨을 잃은 거야. 박정희 대통령의 사망으로 18년 동안 이어졌던 독재가 막을 내렸어.

한일 기본 조약 반대 운동이 일어난 이유는?

박정희는 대통령이 되자마자 광복 이후 끊겨 있던 일본과 외교 관계를 다시 맺으려 했어. 이전에도 일본과 여러 차례 회담이 열리긴 했지만 오랫동안 여러 문제에 관한 의견이 좁혀지지 않았단다. 우리나라는 일본이 식민 지배에 대해 제대로 사과하고, 한국인을 강제로 전쟁터로 내몰아 입힌 피해를 배상할 것을 요구했어. 또 독도가 한국 땅임을 확실히 하는 것도 중요한 문제였지.

박정희 정부가 서둘러 협정을 맺으려고 한 데는 이유가 있었어. 미국의 원조가 줄어 경제적으로 어려워지자 일본으로부터 얼마 안 되는 돈이라도 받으려고 한 거야. 사람들은 이를 반대하는 시위를 벌였어. 박정희 정부는 반대의 목소리에 아랑곳하지 않고 1965년에 일본과 서둘러 협정을 맺어 버렸단다. 결국 급하게 이루어진 이 협정을 우리나라와 일본이 서로 다르게 해석하면서 오늘날까지 일제 강점기에 벌어진 강제 징용과 일본군 위안부 피해자 문제는 제대로 해결되지 않고 있어.

머리 길이와 치마 길이를
단속했다고?

"아빠, 경찰이 왜 자를 들고 여성의 치마 길이를 재고 있나요?"

"정부에서 짧은 치마를 못 입게 했기 때문이란다."

1970년대 사진을 보던 영이는 고개를 갸우뚱했어. 여성의 치마 길이를 경찰이 재고 있다니 말도 안 되는 일이라고 생각했거든.

치마 길이를 단속한 이유는 무엇일까? 나라에서 금지한 것에는 또 무엇이 있을까?

헌법을 바꿔 가며 독재를 이어 간 박정희 대통령은 북한에 맞서 나라를 지키기 위해 공산주의의 확산을 철저하게 막겠다고 했어. 이를 '반공주의'라고 불러. 학교에서는 반공 글짓기 대회, 반공 포스터 그리기, 반공 웅변 대회 등이 열렸어. 학생들은 학교에서 북한 간첩을 구별하는 방법에 대해 자세히 배웠지. 간첩이란, 나라의 비밀이나 상황을 몰래 알아내서 다른 나라에 전하는 사람을 말해. 이른 새벽 산에서 내려오는 사람, 물건 가격을 잘 알지 못하는 사람 등이 간첩일 가능성이 높다고 가르쳤지. 길거리의 벽마다 간첩을 신고하라는 구호가 붙어 있었어.

또 박정희 정부는 경제 발전을 가장 중요하게 생각했어. 대신 국민의 자유와 인권을 짓밟는 일을 서슴없이 저질렀지.

박정희 정부는 사회의 건전한 분위

▲ 반공 표어

기를 해친다는 이유로 사람들의 머리 모양과 옷차림도 단속했어. 긴 머리를 한 남성은 성별을 알아볼 수 없다며 경찰이 가위

를 들고 직접 머리카락을 잘라 버렸고, 짧은 치마를 입은 여성에게는 자를 들이대며 치마가 무릎 위로 몇 센티미터 올라가 있는지 재 보았지. 그러고는 긴 치마를 입으라고 명령했어. 지금처럼 개인이 자유롭게 머리 모양과 복장을 정할 수 없었던 거야. 영이와 아빠는 바로 이 모습을 본 거지.

그뿐만이 아니야. 당시에는 밤 12시 이후에는 통행이 금지되었어. 그래서 정해진 시간이 지나면 마음대로 집 밖을 돌아다닐 수 없었지. 사람들은 사이렌이 울리면 가던 길을 멈추고 오른손을 왼쪽 가슴에 얹으며 국기에 대한 경례를 해야 했어. 학생들은 학교에서 국민 교육 헌장을 외워야만 했고 말이야.

나라의 분위기를 불량하게 만든다는 이유로 많은 노래가 금지곡

이 되기도 했어. 가
장 대표적인 노래가
〈아침이슬〉이야. 이
노래는 뚜렷한 이유
없이 금지곡이 되었
어. 시위 현장에서 널
리 불렸기 때문에 정부는 이 곡을 좋아하지 않았지. 〈왜 불러〉라는 노
래도 금지곡이었어. 이 노래는 '왜 불러'라는 가사가 여러 번 나오는
데, 이 노랫말이 반항적으로 들린다는 이유로 금지곡이 되었지. 〈거
짓말이야〉라는 노래는 '거짓말이야'라는 노랫말이 반복되는데, 이것
이 사람들로 하여금 서로 믿지 못하게 하는 분위기를 만든다는 이유
로 금지되었어.

철저한 독재 정치를 폈던 박정희 정부 시기에는 이처럼 지금으로서
는 상상도 못할 일들이 아무렇지 않게 일어났단다.

뱀 주사위 놀이에 담긴 내용은?

박정희 정부 시기에는 놀이도 반공과 관련한 것이 많았어. 운동회 때 큰 박 터뜨리기를 하면 박 안에서 '쳐부수자 공산당'이라고 적힌 흰 천이 쏟아져 내려왔어. 아이들이 고무줄 놀이를 하며 부르는 노래에도 '무찌르자 공산당'이란 노랫말이 나왔지.

뱀 주사위 놀이도 마찬가지야. 뱀 주사위 놀이는 주사위를 굴려 100에 먼저 도착하는 사람이 이기는 놀이인데, 이 게임에서 착한 일을 하거나 공부를 열심히 하면 고속도로를 타

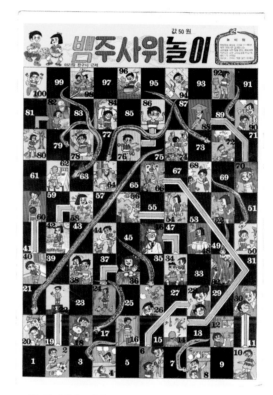

▲ 뱀 주사위 놀이판

고 빠르게 올라갈 수 있었어. 그런데 그중 가장 빠른 방법은 바로 간첩을 신고하는 것이었지. 간첩을 신고하면 한 번에 수십 칸을 전진할 수 있었고 게임에서 표창장도 받을 수 있었단다.

경제 성장 속에
드리운 그늘은?

"엄마, 우리 어디로 이사 가요?"

"부산으로 갈 거야. 순옥이네도 벌써 갔잖아."

동균이는 정든 마을을 떠나 이사를 가는 게 슬펐어. 하지만 부모님은 아버지의 일자리 때문에 어쩔 수 없다고 하셨지.

사람들이 도시로 모여든 이유는 무엇일까? 농촌을 떠나 도시로 간 사람들은 어떤 삶을 살았을까?

．
．
．
．

박정희 정부는 경제 성장을 가장 중요한 목표로 삼았어. 그래서 1962년부터 '경제 개발 5개년 계획'을 추진해 산업화에 나섰지. 하지만 문제가 있었어. 당시 우리나라에는 산업을 발전시킬 수 있는 기반이 없었거든. 공장을 지을 돈도, 물건을 만들 때 필요한 재료와 기술도 없었어. 경제 성장 정책을 추진할 돈이 필요했던 박정희 정부는 무리하게 일본과 한일 기본 조약을 맺고 원조를 받았어. 원조는 물건이나 돈으로 도와주는 것을 말해.

그렇지만 일본으로부터 받은 원조로는 부족했어. 박정희 정부는 미국의 요청을 받아들여 베트남 전쟁에 국군을 파병했어. 그 대가로 원조를 약속 받았지. 독일로 일을 하러 간 광부와 간호사들도 경제 성장에 큰 몫을 했어.

박정희 정부는 이

렇게 모은 돈으로 공
장을 지은 뒤 외국에
서 기계와 석유, 철
광석, 고무 등 원자
재를 수입했어.

공장에서는 나이
어린 여성 노동자들
이 하루에 14~15시
간씩 일하며 가발이
나 옷, 신발 등을 만
들었어. 이처럼 크

기가 작고 가벼운 제품을 생산하는 공업을 '경공업'이라고 해. 당시
우리나라는 단순한 기술밖에 없었기 때문에 대부분의 수출품은 이런
경공업 제품이었어. 그래도 수많은 사람들의 노력 덕분에 1977년에
100억 달러 수출을 달성했지.

하지만 경공업 제품만 수출하는 데에는 한계가 있었어. 비싼 원자
재를 외국에서 사 와 값싼 물건을 만들어 다시 수출하다 보니 이익이
크지 않았거든. 정부는 방향을 바꿔 철강을 생산하는 제철소를 포항

▲ 100억 달러 수출 기념 행사

에 세우고, 자동차, 배, 석유 화학 공장을 울산, 거제 등에 세웠지. 이러한 공업을 '중화학 공업'이라고 해. 철강처럼 부피에 비해 무게가 무거운 물건을 만드는 중공업과 화학 공업을 아울러 말하는 거야. 중화학 공업은 경공업보다 더 큰 돈을 벌 수 있었어.

그런데 이런 공장을 세우고 기계를 돌리려면 엄청나게 많은 돈이 필요했어. 정부는 몇몇 기업에게 혜택을 주었어. 공장을 세울 돈도 대 주고, 수출 길도 터 주었지. 오늘날 우리 경제를 주름잡는 대기업들은 대부분 이렇게 생겨났어. 그 후에도 기업인들은 정치인들에게 정치 자금을 제공하고, 그 대가로 정치인들은 기업인들에게 여러 가지 특혜를 주었어. 이것을 '정경유착'이라고 하는데, 정치인과 기업인 사이의 이런 거래는 시장에서 공정한 경쟁을 방해하는 잘못된 행위야.

도시에 공장이 세워지면서 일자리가 늘었어. 농민들은 돈을 벌기 위해 농촌을 떠나 도시로 향했어. 이들은 공장에 일자리를 구해 노동

자로 일했어. 동균이네 마을
에서도 도시로 이사하는 집
들이 하나둘 늘어났지. 도시
로 간 사람들은 도시의 산비
탈이나 하천 주변에 얼기설
기 판잣집을 짓고 살았어.

▲ 서울의 판자촌
일자리를 찾아 서울로 이주한 사람들은 대부분 돈 없는
농민들이었어. 이들은 산비탈이나 하천 주변에 허름한
판잣집을 짓고 살았지.

　　정부의 정책으로 경제는
빠른 속도로 성장했어. 하지
만 노동자들은 낮은 임금을 받으면서 과도한 업무를 하거나 부당한

대우를 받는 일이 많았단다.

　사람들이 도시로 몰려들면서 농촌에는 빈집들이 늘어만 갔어. 박정희 정부는 농촌도 잘살게 하겠다며 전국적으로 '새마을 운동'을 펼쳤지. 새마을 운동은 지역 사회를 개발하려는 운동이야. 낡고 뒤떨어진 농촌 환경을 개선하고 농촌의 소득을 늘리고자 했지. 농촌 사람들은 초가 지붕 대신 슬레이트 지붕을 올리고 마을 길을 넓혔어. 또 새로운 작물을 심는 등 소득을 높이기 위해 노력했지. 새마을 운동으로 지역 사회와 농촌의 환경은 개선된 듯 보였지만 농민들의 삶은 크게 나아지지 않았고 여전히 도시로 향하는 사람들이 많았어.

전태일이 자신의 몸을 불사른 이유는 무엇일까?

공장 노동자들 중에는 어린 소년과 소녀들도 많았어. 대부분 가정 형편이 어려워 초등학교를 졸업하고 공장에 취직한 것이었지. 서울 청계천 옆 평화시장에는 옷을 만드는 봉제 공장이 많았는데 아침 일찍부터 밤늦게까지 재봉틀이 쉴 새 없이 돌아갔어. 좁은 공간에 여러 대의 재봉틀을 두어 공장 안은 몹시 비좁았어. 곳곳에 쌓인 옷감에서는 뿌연 먼지가 피어올랐지. 이런 환경에서 여공들은 허리도 펴지 못하고 하루에 15시간 가까이 일했어. 법에서 정한 근로 시간이 있었지만 실제로는 훨씬 더 많이 일을 해야 했던 거야. 하지만 그렇게 일하고도 월급은 아주 적었지.

평화시장의 재단사였던 전태일은 공장 노동자들의 열악한 근무 환경을 바꾸기 위해 대통령에게 편지를 쓰고 기자도 만났어. 하지만 바뀐 건 하나도 없었지. 결국 22세의 청년 전태일은 "우리는 기계가 아니다!", "근로 기준법을 지켜라!"라고 외치며 몸에 불을 붙였어. 그는 자신의 몸을 불태워서라도 노동자들의 어려운 상황을 알리려고 했던 거야. 전태일의 죽음 이후 더 많은 사람들이 노동자의 권리에 관심을 가지게 되었단다.

근로 기준법을 준수하라!

08

시민들이 군대에 맞서 항쟁을 펼친 이유는?

"아빠, 어디 가시는 거예요?"

"민주화 시위에 나가는 거란다."

동재는 어제 광주 시내에서 총을 들고 줄지어 지나가는 군인들을 보았어. 그런데 아빠가 시위에 나간다고 하니 걱정스러웠지.

광주에서는 무슨 일이 일어난 것일까?

박정희 대통령이 갑자기 사망하면서 나라에 비상계엄이 선포됐어. 시민들은 길었던 독재가 끝나고 자유가 올 거라 기대했지. 하지만 희망은 곧 꺾였어. 1979년 12월 12일, 전두환과 노태우를 중심으로 한 군인 세력이 쿠데타를 일으켜 권력을 장악했거든. 이들을 '신군부'라고 해. 앞서 5·16 군사 정변을 일으켜 권력을 잡은 군인 세력과 구분하기 위해 신군부라고 부르지. 신군부 세력은 언론의 입을 틀어막고

저희가 일을 잘 처리했으니 어서 서명해 주십시오.

자신들에게 유리한 기사만 내보냈어. 박정희가 죽은 뒤 국무총리였던 최규하가 대통령이 되었지만, 신군부의 쿠데타로 실권을 잃고 말았지.

민주화를 간절히 바라던 시민들은 가만히 있을 수 없었어. 다시 거리로 나와 "비상계엄 해제하라! 민주 정부 수립하라!"라며 시위를 벌였지. 서울역과 시청 앞 광장은 민주화를 바라는 시민들로 가득 찼어.

여러 도시에서 시위가 일어나자 신군부는 비상계엄을 확대하고 서울 등 주요 도시에 군대를 배치했어. 대학에는 휴교령을 내려 학생들이 아예 모이지 못하게 막고, 학교에 들어가지 못하게 교문을 닫아 버렸지.

그런 가운데 1980년 5월 18일, 전라남도 광주의 전남대학교에서 큰일이 벌어졌어. 몇몇 학생들이 휴교령에 항의했는데 계엄군들이 학생들을 곤봉으로 마구 때린 거야. 이 소식에 더 많은 학생들이 모이자 군인들은 이들마저도 무력으로 진압했어. 군대의 탄압에 시민과 학생들은 광주 금남로로 모여들었어. 그리고 한목소리로 외쳤지.

"비상 계엄 해제하라, 전두환은 물러가라!"

이것이 5·18 민주화 운동이야.

시위에 참여한 시민들이 늘어나면서 일부 계엄군이 시위대에게 둘

러싸였어. 그러자 계엄군은 시민들을 겨누고 총을 쏘아대기 시작했어. 수많은 시민이 계엄군이 쏜 총에 목숨을 잃었지. 임산부와 노인, 어린이들마저도 계엄군의 공격을 받고 쓰러졌어.

광주에 있는 병원들은 죽거나 다친 사람들로 아수라장이 되었어. 계엄군은 시위가 벌어졌던 금남로뿐 아니라 빌딩과 가정집에도 총을 쏘았어. 희생자들이 계속 늘어났지.

광주 시민들은 경찰서와 파출소에서 총을 구해 무장하고 시민군이 되어 항쟁을 펼쳤어. 버스, 택시 기사들도 모여 길을 점령하고 계엄

▲ 광주 시내에서 대치하는 군대와 광주 시민들

군에 맞섰어. 여성들은 주먹밥을 만들어 나눠 주고, 너도나도 헌혈을 하며 공동체 정신을 보여 주었어.

하지만 광주는 철저하게 고립된 처지였어. 광주는 계엄군에게 포위되었고, 시내로 들어오는 차들은 모두 되돌아가야 했어. 전화 같은 통신 수단도 다 끊겨 버렸지. 방송에서는 광주에서 폭도들이 난동을 일으켜 계엄군이 진압하고 있다는 거짓 보도가 나갔어. 이러다 보니 다른 지역에 사는 사람들은 광주에서 무슨 일이 벌어지고 있는지 제대로 알지 못했지.

5월 27일 새벽, 탱크와 헬기까지 동원한 계엄군이 전남도청을 둘러 쌌어. 계엄군은 헬기에서 기관총을 쏘아댔어. 여기저기서 비명 소리

와 함께 시민들이 쓰러졌지. 계엄군의 무자비한 공격에 시민군들은 항복할 수밖에 없었어. 겨우 목숨을 지킨 시민군은 계엄군에게 끌려갔어.

▲ 5·18 민주화 운동 당시 시민군에게 주먹밥을 나눠 주고 있는 여성들

▲ 김현경 어린이의 일기
당시 초등학교 6학년이었던 김현경 어린이가 쓴 일기야. 어린이
가 사건을 보고 느낀 슬픔과 두려움이 잘 드러나 있지.

당시 정부 발표에 따르면 이 일로 200여 명이 목숨을 잃었고, 다친 사람도 900여 명이나 되었다고 해. 그런데 시민을 보호해야 할 국가가 오히려 폭력을

휘둘러 시민들이 피를 흘리고 짓밟히는 일이 일어났는데도 오랫동안 진실은 가려졌어. 5·18 민주화 운동을 진압하고 권력을 잡은 전두환과 신군부 세력이 언론을 장악해 자신들이 저지른 일이 밝혀지지 못하게 철저히 막았기 때문이야.

1988년에야 비로소 '5·18 광주 민주화 운동 진상 조사 특별 위원회'가 만들어졌고, 국회에서 청문회가 열리며 묻혀 있던 진실이 하나둘 밝혀졌어.

▲ 정부에서 뿌린 전단
당시 정부는 5·18 민주화 운동의 진상을 '북괴의 소행'으로 왜곡시켰어.

광주의 진실은 어떻게 알려지게 되었나?

무자비한 국가의 폭력 앞에서도 광주의 진실을 알리려고 노력한 사람들이 있어. 바로 기자들이야. 〈전남매일신문〉 기자들은 광주에서 일어나는 일을 기사로 내보낼 수 없게 되자 부끄러워 붓을 놓는다며 전부 사직서를 제출했어.

또 '푸른 눈의 목격자'로 불리는 독일인 위르겐 힌츠페터는 당시 광주에서 목격한 것들을 고스란히 영상으로 담았어. 그리고 독일로 가 광주에서 일어난 민주화 운동의 진실을 뉴스와 다큐멘터리로 만들어 널리 알렸지.

이러한 노력들 덕분에 광주의 진실은 하나둘씩 세상 밖으로 드러나게 되었어. 1997년, 무자비한 진압의 책임자인 전두환과 노태우는 재판을 받고 구속되었어. 같은 해에 5월 18일이 국가 기념일로 지정되었지. 2011년에는 5·18 민주화 운동에 관한 사진, 영상 기록 등이 유네스코 세계 기록 유산으로 등재되었단다.

프로 야구는
언제 시작되었을까?

"드디어 우리나라에서 프로 야구 경기가 열리는구나!"

프로 야구 경기를 관람하게 된 윤희는 한껏 들떠 있었어. 야구장에 와 보는 것도 처음이었는데. 게다가 프로 야구 개막식이라니. 어느 팀이 이길지 기대되었어.

우리나라에서 프로 야구는 언제 처음 시작되었을까?

▲ 대통령에 취임하는 전두환

광주에서 일어난 민주화 운동을 폭력으로 진압한 전두환은 곧 권력을 거머쥐었어. 하지만 여론을 의식해 헌법을 바꿔 앞으로 대통령은 딱 한 번만 할 수 있도록 했고, 임기는 7년으로 정했지. 그리고 1981년 2월, 통일 주체 국민 회의 대의원들의 선거로 대통령이 되었어.

전두환 대통령은 자신의 권력을 강화하기 위해 '사회 정화'를 내세우며 여러 가지 정책을 실시했어.

전두환 정권은 불량배들을 잡아 바르게 교화하겠다며* 삼청 교육대를 만들었어. 그리고 수만 명이 넘는 사람들을 잡아들였지. 그중에는 실제로 불량배나 사기꾼도 있었지만, 신군부에 저항하는 지식인, 기자, 학생 등도 많았어. 길거리에 침을 뱉었거나 몸에 문신이 있다는 이유만으

교화하다
가르치고 이끌어서 좋은 방향으로 나아가게 한다는 뜻이야.

로 끌려간 사람들도 있었지.

삼청 교육대는 사람들을 무차별로 잡아 가둔 것은 물론 이들을 교육한다는 핑계로 인간 대접을 하지 않고 견디기 힘든 일을 시켰어. 폭력도 서슴없이 이뤄졌지. 우리 사회를 맑고 깨끗하게 만든다는 구실을 내세워 인권을 무자비하게 짓밟은 거야.

그리고 이때는 저녁 9시가 '땡' 하면 텔레비전에서 전두환 대통령과 관련된 뉴스가 시작되었어. 모든 방송이 전두환 대통령의 활동을 맨 먼저 보도했지. 사람들은 이를 '땡전 뉴스'라고 불렀어. 이 시기 텔레비전이나 라디오 방송들은 방송 전에 정부의 검열을 받았어. 정권에 비판적인 내용이 있으면 보도가 금지되었지.

대학교 안에는 경찰들이 들어와 학생들을 끊임없이 감시했어. 신분을 숨기려고 경찰 제복이 아닌 일반 평상복을 입고 말이야. 그러다 학생들이 시위를 벌이면 바로 잡아갔지. 이렇게 끌려간 정치인이나 교수, 학생들은 엄청난 고문을 당해 장애를 얻거나 심한 경우

▲ 1982년 초대 프로 야구 개막식

목숨을 잃기도 했단다.

　동시에 전두환 정권은 국민들을 옭아맸던 여러 통제 정책을 풀어 주었어. 통금 시간을 없애고, 정부에서 축제를 열기도 했어. 학생들은 복장 자율화 정책으로 교복 대신 사복을 입었고 머리 모양도 자유롭게 할 수 있었어. 우리가 즐겨 보는 프로 스포츠도 이때 시작되었어. 1982년 3월에는 처음으로 프로 야구 경기가 열렸지. 윤희 같은 어린이들은 부모님과 함께 경기장에 가서 직접 프로 야구를 관람하기도 하고, 친구들과 모여 텔레비전 앞에서 야구 경기를 보기도 했단다.

　하지만 이런 정책들은 전두환 정권이 독재를 더 강화하기 위해 국민들의 관심을 다른 곳으로 돌릴 속셈으로 시행한 것이라는 평가를 받고 있지. 전두환 정권 시기에 민주주의를 외치는 많은 사람들을 탄압하는 일들이 일어났기 때문이야.

학교에서 군사 훈련을 했다고?

박정희 정권에 이어 전두환 정부 시기에도 학교에서 군사 교육을 실시했어. 고등학생들은 교련이라는 과목을 통해 군사 훈련을 받았지. 남학생들은 교련복을 입고 모형 총과 검을 들고 운동장을 가로지르며 행군했어. 실제 적과 맞붙었을 때 싸우는 기술인 총검술 같은 훈련이 수업 시간에 진행되었지. 여학생들은 붕대를 이용한 응급 처치 방법 등을 배웠어. 방독면을 쓰고 화생방 훈련을 하기도 했어.

오랫동안 학교에서 군사 교육이 이뤄진 것은 바로 군인들이 정권을 잡고 있었기 때문이야. 무엇보다 1968년, 북한에서 무장 공비를 남한에 침투시킨 사건이 일어난 이후 박정희 정부는 반공 교육을 더욱 강화했지. 그래서 고등학교에 교련 과목이 등장한 거야. 학생들이 받던 군사 훈련인 교련 과목은 1989년부터 점차 폐지되었어.

무장 공비
전투에 필요한 장비를 갖춘 공산당의 유격대를 이르는 말이야.

▲ 교련 교육을 받는 학생들

10

6월 민주 항쟁으로
민주주의가 꽃피었다고?

"넥타이를 맨 회사원들이 왜 거리로 나와 있는 거예요?"
"얼마 전 대학생이 경찰에게 죽임을 당했거든. 그래서 화가 난 시민들
이 거리로 나온 거란다."
뉴스를 보던 승환이는 할아버지의 이야기를 듣고 깜짝 놀랐어.
대학생은 왜 목숨을 잃은 걸까? 거리의 시민들은 뭐라고 외쳤을까?

군사 정변을 통해 정권을 장악한 전두환 정부는 민주화 운동을 탄압하며 강압적인 통치를 이어 갔어. 학생과 시민들은 대통령 간선제의 비민주성을 지적하며 대통령을 국민이 직접 뽑는 직선제를 실시하도록 헌법을 바꾸어야 한다고 주장했지만 받아들여지지 않았어.

학생과 정치인, 시민들의 민주화를 향한 열망은 더욱 강해졌어. 독재 정치를 끝내고 대통령 직선제를 실시하라고 외치는 시위가 계속되었지.

그런 가운데 1987년 1월, 민주화 운동을 하던 서울대학교 학생 박종철이 경찰에 끌려가 사망하는 사건이 벌어졌어. 박종철은 경찰의 폭행과 고문으로 목숨을 잃은 것이었어. 하지만 경찰은 책상을 '탁!' 하고 쳤을 뿐인데 박종철이 '억!' 하고 쓰러졌다는 엉터리 변명으로 진실을 덮으려고 했어. 거기다 전두환 정부는 국민들이 직접 대통령을 뽑는 직선제 요구를 거부

▲ 박종철 열사

하고 헌법을 그대로 두겠다(호헌)는 발표를 했지. 계속 간접 선거로 대통령을 뽑아 정권을 이어 가려고 한 거야.

한편 박종철의 시신을 부검했던 의사의 증언을 포함해 여러 언론에서 의혹을 제기하자 경찰은 사건 발생 5일 만에야 고문 사실을 인정했어. 하지만 전두환 정부는 사실을 조작하고 축소시켜 덮으려고 했지. 이때 천주교 정의 구현 전국 사제단의 신부들이 전두환 정부가 진실을 숨기고 사건을 조작하려 했다는 사실을 세상에 알렸어. 사실을 알게 된 시민들의 분노가 폭발했지.

"호헌을 철폐하라, 독재 정권 타도하자!"

"종철이를 살려 내라!"

먼저 학생들이 시위에 나섰어. 대학생들은 1987년 6월 10일에 전국에서 집회를 열기로 했지. 그런데 집회를 하루 앞둔 6월 9일, 시위에 나섰던 연세대학교 학생 이한열이 학교 정문 앞에서 경찰이 쏜 최루탄에 머리를 맞고 쓰러졌어. 이 소식에 시민들의 분노는 더욱 커졌어.

▲ 이한열 열사 영결식에 참여한 수많은 시민들

6월 10일, 전국의 주요 도시에서 집회가 열렸어. 시장 상인들은 경찰을 피해 도망 다니는 대학생들을 숨겨 주기도 했어. 고등학생들도 시위에 참여했어. 버스와 택시 기사들은 시간에 맞춰 경적을 울려댔어. 버스 안에 타고 있던 승객들도 박수를 치며 시위를 지지해 주었지. 수많은 시민들이 각자의 방식으로 시위에 참여했어. 넥타이를 맨 회사원들은 점심 시간과 퇴근 시간에 맞춰 시위를 벌였지. 승환이가 본 모습이 바로 이 장면이야. 승환이처럼 어린 초등학생들도 최루탄 냄새에 코를 막고 등하교를 하곤했지. 시위는 몇 날 며칠 계속되었어.

"직선제를 실시하라!"

"독재 정권을 타도하자!"

이렇게 1987년 6월, 한 달 가량 이어진 민주화 운동을 '6월 민주 항쟁'이라고 불러. 국민들의 거센 분노와 민주화에 대한 열망에 전두환 정부는 결국 손을 들었지.

당시 대통령 후보였던 노태우는 '6·29 민주화 선언'을 발표했어. 이 선언에는 대통령 직선제 실시, 언론과 출판 검열 금지, 국민의 기본권 강화 등 국민들이 요구한 것들이 담겨 있었지. 6·29 민주화 선언은 시민의 힘으로 민주주의를 이뤄 낸 값진 결실이었단다.

민주화 운동 기념관

　서울시 용산구 남영동에는 검은색 벽돌로 지은 네모반듯한 7층 건물이 있어. 평범한 건물처럼 보이지만 찬찬히 살펴보면 좀 이상한 점이 있어. 5층의 창문들이 유독 작고 좁아. 또 건물 뒤에 작은 문이 하나 있는데 문을 열고 안으로 들어가면, 좁은 나선형 계단이 5층으로 바로 연결되어 있지. 5층 복도는 좁고 어두운데 방문들은 서로 엇갈려 있어. 방문을 열어도 맞은편 방 안을 볼 수 없게 만든 거야. 방 안에는 작은 침대와 세면대 그리고 욕조가 있어. 이 건물은 다름 아닌 박종철이 물고문을 당하고 목숨을 잃은 옛 남영동 대공분실이야. 경찰청 수사 기관으로, 민주화 운동을 하던 사람들을 끌고 와 조사하던 공포의 공간이었지.

　하지만 이제 이곳은 민주화 운동 기념관으로 다시 태어났어. 우리 역사 속 민주화 운동의 기록을 수집하고 보존하는 공간으로 바뀐 거야. 이곳에서 우리는 민주주의와 인권의 진정한 의미를 생각해 볼 수 있단다.

◀ 민주화 운동 기념관

지방 자치 시대가
열렸다고?

"엄마, 저 사람들은 누구예요?"
"지방 의회 의원들을 뽑는 선거에 출마한 후보들이야."
엄마와 함께 길을 걷던 윤경이는 벽에 빼곡하게 붙은 벽보들을 보았어. 엄마의 말씀에 윤경이는 지방 의회가 무슨 일을 하는 곳인지 궁금해졌지.
지방 의회와 지방 의회 의원은 무슨 일을 할까?

:
:
:

　1987년, 헌법이 바뀌며 국민이 직접 대통령을 뽑을 수 있게 되었어. 그렇게 직선제로 대통령에 당선된 사람은 노태우였어. 제13대 대통령이지. 그리고 1992년, 김영삼이 제14대 대통령으로 당선되었어.

　김영삼 대통령은 여러 정책을 실시했어. 먼저 일본의 식민 지배의 잔재를 청산하기 위해 경복궁 앞을 오랫동안 가로막았던 조선 총독부 건물을 철거했어. 또 일제가 사용했던 '국민학교'란 명칭을 '초등학교'로 바꾸었지. 그리고 5·18 민주화 운동 당시 광주 시민들의 목숨을 앗

▶ 우리나라 대통령 선거 제도의 변화
우리나라의 대통령 선거 제도는 간접 선거에서 직접 선거로 바뀌었다가 다시 간접 선거 기간을 거쳤어. 지금은 직접 선거로 대통령을 뽑아.

아 갔던 전두환과 노태우를 법정에 세워 책임을 물었어.

'금융 실명제'도 실시했지. 통장을 만들 때 자신의 이름으로만 만들 수 있도록 한 거야. 이전까지는 통장을 만들 때 실제 이름을 쓰지 않아도 되었어. 그래서 다른 이름으로 뇌물을 받거나 범죄로 벌어들인 돈을 숨기는 일들이 일어났어. 금융 실명제가 실시되고 이런 부정부패가 줄어들게 되었어.

또 김영삼 정부는 '지방 자치제'를 실시했어. 지방 자치제는 시장이나 도지사 같은 각 지역의 단체장을 중앙 정부에서 임명하는 대신, 그 지역에 사는 사람들이 투표로 직접 뽑아 해당 지역의 일을 처리하는 걸 말해. 정부가 지역의 일을 결정하지 않고

▲ 김영삼 대통령

▲ 제1회 전국 동시 지방 선거 안내문

각 지역이 자체적으로 자기 지역의 살림을 맡아보는 거지.

지방 자치제는 1952년에 처음 실시되어 첫 지방 의회 의원 선거가 치러졌어. 하지만 6·25 전쟁으로 나라가 불안정해 제대로 선거가 이루어지지 못했지. 4·19 혁명 이후 선거로 서울 시장과 도지사를 뽑았지만, 이번에는 박정희가 쿠데타를 일으키면서 지방 의회를 해산시켜 버렸어. 그러고는 서울 시장과 도지사를 대통령이 직접 임명했지.

그러다 1995년이 되어서야 비로소 제대로 된 지방 자치제가 실시된 거야. 지방 의회 의원은 물론 도지사, 시장, 군수, 구청장 등 지방 자치 단체장을 지역 주민들이 직접 투표로 선출했어.

지방 자치제는 '풀뿌리 민주주의'라고도 불려. 시민들이 여러 가지 형태로 직접 정치에 참여해서 자신이 살고 있는 지역과 실생활을 변화시키는 참여 민주주의를 말하는 것이지.

대한민국은 민주 공화국이다!

우리나라 최고의 법인 헌법의 제1조가 무슨 내용인지 알고 있니?

헌법 제1조 제1항에는 '대한민국은 민주 공화국이다'라고 적혀 있어. 그리고 제2항은 '대한민국의 주권은 국민에게 있고, 모든 권력은 국민으로부터 나온다'라고 되어 있지. 이 내용은 무엇을 의미할까?

공화국은 절대적인 권력을 가진 군주가 나라를 다스리는 군주국과 반대되는 말이야. 나라의 주인이 왕과 같은 권력자가 아니고 모든 국민이라는 뜻이지. 다시 말해 나라의 주인인 국민이 뽑은 대표가 국민의 뜻에 따라 국민을 위한 정치를 하는 국가를 말해.

현재의 헌법은 대한민국 임시 정부에서 만든 임시 헌장의 내용을 이은 거야. 그동안 부분적인 내용은 여러 차례 바뀌어 왔지만, 민주 공화국이라는 정체성은 변하지 않고 지켜져 왔어. 그러니 국민이 뽑은 대통령은 국민의 뜻을 잘 살펴 민주주의를 이루기 위해 노력해야겠지?

IMF 금융 위기는 우리 사회를 어떻게 바꾸었을까?

"엄마, 금반지는 왜 꺼내셨어요?"

"응, 금 모으기 운동에 보태려고 한단다."

성윤이는 어머니께서 집에 있는 금붙이를 챙기시는 모습에 깜짝 놀랐어. 그중에는 성윤이의 돌 반지도 있었지.

금 모으기 운동은 왜 벌어졌을까?

⋮

    대한민국은 '한강의 기적'으로 불릴 정도로 빠른 시간에 경제 성장을 이루었어. 1980년대 중반 이후 10여 년간 경제는 더욱 성장했지. '단군이 나라를 세운 이래 최고의 호황기'로 일컬어질 정도였어.

    이때는 이율이 낮아 은행에서 돈을 빌릴 때도 싸게 빌릴 수 있었고, 석유 값이 싸서 공장을 돌리는 데도 유리했지. 또 환율이 낮아 수출도 잘 되었어.

    그런데 차츰 세계 경제 흐름에 변화가 나타났어. 우리나라 정부는 국내에서 생산된 상품을 보호하기 위해 다른 나라에서 수입한 물건에 관세*를 매겨. 그러나 세계 시장에서는 자유 무역을 확대해야 한다는 목소리가 커졌어. 어느 나라든 관세를 낮추거나 없애 자유롭게 무역할 수 있게 하자는 것이지. 그래서 미국 등 여러 나라는 한국도 시장을 개방하라고 압력을 넣었어. 결국 우리나라는 시장을 개방했고, 국내 시장에 외국 농산물과 공산품이 들어왔어. 외국계 은행과 기업도 들어왔고, 외국 투자자들도 우리 기업에 투자를 시작했어.

관세
나라에서 매기는 세금으로 우리나라에서는 외국의 상품을 수입할 때 세금을 내도록 되어 있어.

김영삼 정부는 새로운 경제를 내세우며 세계화와 시장 개방을 위한 발걸음을 과감하게 내디뎠어. 세계 무역 기구(WTO)에도 가입하고, 경제 개발 협력 기구(OECD)에도 가입했어.

그런데 우리나라 경제에 짙은 먹구름이 끼었어. 외국 은행에서 빚을 내 사업을 해 오던 대기업들이 외국에 갚아야 할 돈을 갚을 수 없는 상황이 된 거야. 한국 경제가 위기에 빠진 가운데 이번에는 아시아 경제에도 위기가 닥쳤어. 타이(태국)의 화폐 가치가 떨어지면서 우리나라를 비롯한 아시아 여러 나라에 영향을 미쳤거든.

우리나라의 경제를 이끌던 대기업이 줄줄이 무너지기 시작했어. 기업에 큰돈을 빌려준 은행들도 같이 무너졌지. 우리나라의 신용은 바닥으로 곤두박질쳤고, 외국 기업과 투자자들이 투자했던 돈을 가져가느라 나라에 달러(외환)가 부족해졌어. 그러자 환율은 순식간에 치솟았지. 급속한 경제 성장으로 세계의 주목을 받던 우리나라가 순식간에 부도 위기에 처

하게 된 거야.

결국 1997년, 정부는 국제 통화 기금(IMF)에서 약 200억 달러의 돈을 빌렸어. IMF에서는 돈을 빌려주는 대신 나라의 경제 구조를 뜯어고치라고 요구했지. 우리 정부는 IMF의 요구에 따를 수밖에 없었어.

정부는 부실한 회사와 은행의 문을 닫았어. 나라에서 운영하는 기업인 공기업의 운영권을 민간인에게 주고, 외국인들도 투자할 수 있게 했지. 또한 회사 사정에 따라 구조 조정이라는 이름으로 노동자를 정리 해고할 수 있게 했어. 이로 인해 많은 실업자가 생겨났지.

국가적인 위기를 극복하기 위해 모두가 이를 악물었어. 시민들은 장롱 속에 보관해 둔 금을 나라에 팔거나 기부하는 '금 모으기 운동'에

▲ 금 모으기 운동
우리나라의 경제가 위기에 처하자 시민들은 경제를 살리기 위해 발 벗고 나섰어.

나섰어. 성윤이 어머니가 금붙이를 모아 들고 나간 것도 금 모으기 운
동에 참여하기 위해서였어. 나라에서는 이렇게 모인 금을 외국에 진
빚을 갚는 데 사용했지. 정부와 기업, 시민의 노력 덕분에 우리나라는
빠른 시간 안에 IMF에 빌린 돈을 모두 갚을 수 있었단다.

노래 〈오락실〉에 담긴 시대의 모습은?

1998년, 〈오락실〉이라는 노래가 발표되었어. 노래 내용은 이렇단다.

시험을 망친 아이가 오락실에 갔는데 아버지를 본 거야. 아버지는 국가적인 경제 위기로 회사에서 해고 당했다는 말을 가족에게 할 수 없었고, 시간을 보내기 위해 오락실에 온 거였어. 아이는 아빠가 직장을 잃은지도 모르고 회사에 가기 싫어 오락실에 왔다고 생각하지. 그러고는 아빠에게 힘내라고 천진난만하게 위로하는 거야. 멜로디는 경쾌하지만, 노랫말에는 당시의 시대 모습이 고스란이 담겨 있단다.

시험을 망쳤어 오 집에 가기 싫었어
열 받아서 오락실에 들어갔어
어머 이게 누구야 저 대머리 아저씨
내가 제일 사랑하는 우리 아빠

가끔 아빠도 회사에 가기 싫겠지
엄마 잔소리, 바가지, 돈타령 숨이 막혀
가슴이 아파 무거운 아빠의 얼굴
혹시 내 시험 성적 아신 건 아닐까

오늘의 뉴스 대낮부터 오락실엔
이 시대의 아빠들이 많다는데
혀끝을 쯧쯧 내차시는 엄마와
내 눈치를 살피는 우리 아빠

늦은 밤중에 아빠의 한숨 소리
옆엔 신나게 코 골며 잠꼬대하는 엄마
가슴이 아파 무거운 아빠의 얼굴
혹시 내일도 회사에 가기 싫으실까

아빠 힘내요 난 아빠를 믿어요
아빠 곁엔 제가 있어요
아빨 이해할 수 있어요
아빠를 너무 사랑해요

평화 통일을 위해
어떤 노력이 필요할까?

"엄마, 저기 보이는 곳이 어디인가요?"

"북한 땅이야. 생각보다 멀지 않지?"

엄마와 함께 통일 전망대에 온 성연이는 망원경을 통해 북한 땅을 보며 마음이 이상했어. 북한 땅이 이렇게 가까이 있는데 오갈 수 없다는 생각에 마음이 울적하기도 했어.

북한 땅에 자유롭게 갈 수 있는 날은 언제일까?

．
．
．

6·25 전쟁이 끝나 갈 무렵 정전 협정을 위한 협상이 이루어졌어. 그리고 그 결과 한반도를 둘로 가르는 휴전선이 쳐졌지.

한반도의 분단 상황은 남북한 주민들뿐만 아니라 세계 여러 나라 사람들을 불안하게 만들고 있어. 언제 전쟁이 일어날지 모르니 말이야. 또 전쟁을 막기 위해 무기도 개발하고 많은 군대도 두어야 하니 국방비도 많이 들지.

남한과 북한은 휴전선으로 가로막혀 있어 남한에서 백두산에 가려면 중국을 거쳐야 해. 북한에 있는 문화유산도 볼 수 없지. 남한은 섬과 같고 북한도 바다로 자유롭게 나가지 못하는 처지야. 성연이처럼 멀지 않은 곳에 있는 북한 땅을 바라보고만 있어야

▲ 경기도 파주시 장단역에서 멈춘 녹슨 기관차
6·25 전쟁 때 폭탄을 맞고 그 자리에 멈춰 선 기차야. 그전에는 서울과 신의주를 오가던 기차가 이제는 분단의 상징처럼 남게 되었지.

▲ 이산가족을 찾기 위해 모인 사람들
한국 방송(KBS)은 정전 30주년을 맞아 〈이산가족을 찾습니다〉라는 방송을 내보냈어. 6·25 전쟁 등으로 가족을 잃어버린 사람들은 신상 정보가 적힌 현수막과 팻말을 들고 헤어진 가족을 애타게 찾았지.

하지.

이렇게 나뉘어 살아가면서 오랫동안 서로 자유롭게 오가지 못하다 보니 남북한은 생활 양식은 물론 사고방식이 많이 달라졌어. 그러다 보니 한 나라라는 의식도 점차 약해지고 있지.

6·25 전쟁 직후 남한과 북한은 서로 으르렁거렸어. 하지만 냉전 시대가 끝나면서 세계의 분위기가 크게 바뀌었지. 남한과 북한도 이산가족 만남을 추진하는 등 대화의 물꼬를 트기 시작했어. 또한 1990년대 소련이 해체되고 동유럽 국가들의 공산주의 체제가 무너지면서 남

한과 북한도 화해와 교류를 위한 노력을 펼치게 되었지.

1990년대 들어 남북한은 평화와 통일을 위한 노력을 구체화하기 시작했어. 1991년 남북한은 유엔에 동시 가입하고 '남북 기본 합의서'를 작성했어. 이 합의서는 남북한 최초의 공식 합의서야. 이 합의서에는 남북한이 서로를 미래에 통일을 이룰 하나의 민족이라고 인정하는 내용이 담겨 있지. 또 핵무기가 없는 평화로운 한반도를 만들자고 약속했어. 하지만 얼마 안 가 북한이 핵무기를 개발하고 있다는 소식이 전해지면서 남북한 관계는 다시 얼어붙었지.

김영삼 정부의 뒤를 이은 김대중 정부는 '햇볕 정책'을 펼쳐 북한과의 관계를 개선하려 했어. 정부 뿐만 아니라 민간에서도 활발한 교류가 이루어졌고, 육로로 금강산 관광이 이뤄지기도 했지. 그리고 마침내 2000년에 남북한 두 정상이 만나게 되었단다.

대한민국의 김대중 대통령과 북한의 김정일 국방위원장은 회담 끝에 '6·15 남북 공동 선언'을 발표했어. 이 회담은 분

▲ 이야기를 나누는 남북한 정상
2000년 6월 13일부터 6월 15일까지 남북한 정상들이 처음으로 만나 이야기를 나누었어.

▲ 시드니 올림픽에서 공동 입장하는 남북한 선수단
2000년에 열린 시드니 올림픽 때는 남북한 선수단이 한반도기를 들고 함께 입장했어.

단 이후 남북 정상이 최초로 만났다는 것 자체로 큰 의의가 있지. 두 정상은 주변국의 도움 없이 우리 스스로의 힘으로 평화적인 통일을 이뤄 나갈 것을 확인했어.

덕분에 제27회 시드니 올림픽 때에는 남북한 선수단이 한반도기를 들고 함께 입장하는 뭉클한 장면을 볼 수 있었지.

노무현 정부도 김대중 정부의 정책을 이어 나갔어. 북한 개성에 남한 기업들이 공장을 짓고, 끊어진 남북 간의 철도도 이었지. 2007년에는 남북 정상이 또 한 번 만남을 가졌단다.

하지만 이후 남북

▲ 개성 공단

관계는 다시 차갑게 식었어. 북한이 계속해서 핵무기를 개발하고 동해안으로 미사일을 여러 차례 발사하며 우리나라를 위협했거든.

문재인 정부는 한반도의 평화와 통일을 위해 다시 북한과의 얼어붙은 관계를 회복하려고 노력했어. 2018년, 남북 정상은 판문점과 평양에서 세 차례 만남을 가졌지. 남한과 북한은 전쟁 위험을 없애기 위해 노력하기로 합의했어. 북한은 또 미국과 정상 회담을 열어 한반도와 세계의 평화와 안전을 위해 협력할 것을 약속했단다.

하지만 현재 남북한은 다시 소통이 멈추었어.

분단은 남북한 국민 모두의 평화로운 삶을 어렵게 만들고 있어. 뿐만 아니라 한반도의 전쟁 위험은 세계 평화를 위협하는 요소이기도 해. 그래서 우리는 평화 통일을 위해 적극적으로 노력해야 한단다.

비무장 지대가 뭐야?

정전 협정이 맺어질 때 남북 간의 군사적 대립을 방지하는 완충 지대 역할을 하도록 설치한 지역이 있어. 바로 비무장 지대(DMZ)야. 군사 분계선을 중심으로 남북 각각 2킬로미터씩, 총 4킬로미터 너비의 구간이지. 이곳에는 어떤 군사 시설이나 무기도 배치할 수 없어. 당연히 군대도 둘 수 없지. 군인은 물론 일반 사람들도 함부로 들어갈 수 없는 곳이야.

몇십 년 동안 사람들의 손길이 닿지 않은 비무장 지대는 오늘날 보기 힘든 희귀 동식물이 사는 터전이기도 해. 후고구려의 궁궐터 등 중요한 유적들도 이 비무장 지대 안에 있단다.

▲ 한반도의 비무장 지대

모두가 행복한
세상을 만들려면?

"마스크 쓴 모습만 봤는데, 이제는 맨얼굴을 볼 수 있어 너무 좋아."
은규는 3년 만에 마스크를 벗고 학교에 갔어. 아주 오랜만에 마스크를
쓰지 않은 친구들의 얼굴을 보니 무척 반가웠어. 은규와 친구들의 웃
음소리로 교실은 활기가 넘쳤어.
웃음소리가 넘치는 세상을 위해 어떤 노력을 해야 할까? 우리가 만들
어 갈 세상은 어떤 모습일까?

:

빠른 성장과 발전을 추구하며 숨 가쁘게 달려온 지구촌에 경고등이 켜졌어. 이상 기후로 지구 표면의 온도가 상승하고 홍수로 곳곳이 물에 잠겼지. 여기에 2019년에는 '코로나19'라는 전염병이 덮쳤어. 코로나19는 빠르게 전 세계로 퍼졌고, 수많은 사람이 감염되어 목숨을 잃었지. 코로나19 감염을 막기 위해 은규처럼 학교에서도 마스크를 쓰고 멀찌감치 떨어져 앉아야만 했어. 코로나19는 3년 가까이 누그러들지 않고 전 세계를 위기로 몰아넣었단다.

▼ 코로나19 대유행으로 인한 사회적 거리 두기
전염병 코로나19가 세계를 강타하면서 각국 정부는 감염을 막기 위해 행동 수칙을 정하고 사회적 거리 두기 정책을 시행했어.

18~19세기 산업 혁명 이후로 대량 생산의 시대가 열렸어. 사람들은 공장에서 온갖 물건을 생산했지. 하지만 공장에서 뿜어내는 매연과 오염 물질로

가득한 폐수는 환경을 크게 오염시켰어. 그런데도 사람들은 더 많은 공장을 세우고 더 많은 에너지를 얻기 위해 지금 이 순간에도 엄청난

양의 화석 연료를 사용하고 있어. 그 결과 탄소 배출량이 급격히 늘었고, 지구는 점점 더 뜨거워지고 있지.

기후 위기로 인한 해수면 상승과 이상 기온 현상들, 전염병이 전 세계로 퍼지는 팬데믹과 같은 비상 사태를 막기 위해서는 각국 정부의 노력도 필요해. 하지만 이제는 전 세계가 머리를 맞대고 해결책을 찾아야 하지. 교통과 통신의 발달로 세계는 그 어느 때보다 가까워졌고, 서로 큰 영향을 주고받게 되었으니까 말이야.

이제 사람들은 인터넷을 통해 손쉽게 세계의 모든 정보를 얻을 수 있고, 몇 달 또는 몇 년이 걸리던 먼 길을 비행기로 며칠 만에 오갈 수 있게 되었

어. 커다란 지구 마을에서 다양한 인종이 함께 어울

려 살고 있는 거야.

지구촌 시대를 맞이해 우리나라가 전 세계에 알려지면서 우리나라에 정착해 살아가는 외국인도 점점 늘고 있어. 우리 주변에도 부모님이 외국인이거나 외국 국적인 친구들이 아주 많아. 생김새와 문화는 다르지만 함께 대한민국에서 살아가고 있지. 이런 다문화 시대를 살아가기 위해서는 서로의 문화를 존중하면서 함께 살아가려는 자세가 중요하단다.

성숙한 민주주의를 만들기 위한 시민들의 노력도 계속되어야겠지. 시민들은 자신의 권리를 지키고 올바른 사회를 만들기 위해 적극적인 행동에 나서고 있어. 특히 2000년대 초반부터 광장에 모여 촛불을 들

▲ 촛불 집회

고 여러 정치적인 문제에 대해 의사를 표현하는 촛불 집회가 대표적인 평화 시위로 자리 잡았어. 시민들은 인터넷을 통해 활발히 소통하며 자발적으로 집회에 참여했지. 그리고 폭력적인 시위 대신 손에 촛불을 들고 구호를 외치며 시민의 뜻을 전달했단다. 성숙한 시민 의식이 빛나는 평화로운 집회 방식을 보여 준 거야.

앞으로 더 좋은 세상을 만들기 위해 우리는 계속해서 더 나은 길을 찾아야만 해. 끝없는 개발과 경쟁은 정답이 아닐 수도 있어. 서로의 다양성을 존중하면서 우리 삶의 터전인 지구를 보호하고, 더불어 잘 살 수 있는 방법을 고민하는 성숙한 시민의 자세가 필요한 순간이야.

우리에게 필요한 걸림돌은?

저는 많은 사람들이 길을 걷다가 이 명판 때문에 발을 헛디디길 바랍니다. 그리고 잠시나마 그들의 삶을 생각해 보길 바랍니다.

– 독일의 예술가 군터 뎀니히

유럽 여러 도시를 걷다 보면 발에 걸리는 작은 돌들이 있어. 정확히는 돌이 아니라 네모난 금속 판인데 '슈톨퍼슈타인(걸림돌)'이라고 해. 이 걸림돌에는 제2차 세계 대전 당시 나치의 탄압으로 희생 당한 유대인의 이름과 태어난 해, 체포된 해와 사망한 장소 등이 적혀 있어. 유대인이 살았던 집이나 이들이 사망한 장소에 주로 설치되어 있지.

▲ 아우슈비츠 수용소에 도착한 유대인들
아우슈비츠 수용소는 제2차 세계 대전 당시 나치 독일이 유대인들을 강제로 가두고 학살한 곳이야.

　제2차 세계 대전을 일으킨 나치 독일의 지도자 히틀러는 독일인은 우월한 민족으로 믿고 유대인을 열등한 민족으로 여기며 열등한 민족을 없앤다는 구실을 내세워 수백만 명의 유대인을 잔인하게 학살했어.

　슈톨퍼슈타인은 바로 독일이 저지른 지난날의 잘못을 잊지 않기 위해서 설치한 거야. 잘못을 철저하게 반성하고 되풀이하지 않기 위한 노력이지. 독일에서 시작된 슈톨퍼슈타인은 유럽 전역으로 퍼져 현재 20개국이 넘는 나라에 설치되어 있어.

　역사를 돌아보면 다시는 일어나서는 안 될 일들이 많았어. 민주주의를 짓밟고, 인권을 탄압하고, 평화를 깨뜨리는 일들 말이야. 잘못을 반복하지 않고 정의로운 미래 사회를 만들기 위해 우리는 어떤 걸림돌을 만들어야 할까?

▲ 슈톨퍼슈타인
제2차 세계 대전 당시 벌어진 유대인 학살을 잊지 말자는 의미로 설치한 거야.

1948년

남한, 단독으로 5·10 총선거 진행
대한민국 정부 수립

1945년

8·15 광복

1979년　　　　**1972년**　　　　**1965년**

12·12 군사 반란　　박정희 대통령,　　　한일 협정
　　　　　　　　10월 유신 발표

1980년　　　　**1987년**　　　　**1988년**

5·18 민주화 운동　　6월 민주 항쟁　　서울 올림픽 개최

1949년
김구가 암살됨

1950년
6·25 전쟁 발발

1953년
정전 협정 체결

1961년
5·16 군사 정변

1960년
3·15 부정 선거
4·19 혁명

2000년
6·15 남북 공동 선언

1995년
지방 자치제가
전국적으로 실시됨

1997년
IMF 경제 위기

사진 저작권

생각을 여는 **처음탄탄 한국사 09**

초판 1쇄 발행 2024년 11월 01일

글 황은희   **그림** 순미
발행처 주식회사 스푼북   **발행인** 박상희   **총괄** 김남원
편집 길유진 김선영 박선정 이지은
디자인 이지숙 권수아 정진희   **마케팅** 박병건 박미소
출판신고 2016년 11월 15일 제2017- 000267호
주소 (03993) 서울시 마포구 월드컵북로6길 88-7 ky21빌딩 2층
전화 02- 6357- 0050(편집) 02- 6357- 0051(마케팅)
팩스 02- 6357- 0052   **전자우편** book@spoonbook.co.kr

ⓒ 황은희, 순미 2024
ISBN 979- 11- 6581- 558 - 5 (73910)

* 저작권법에 의하여 한국 내에서 보호를 받는 저작물이므로 무단 전재와 무단 복제를 금합니다.
* 잘못 만들어진 책은 구입하신 곳에서 바꾸어 드립니다.

제품명 생각을 여는 처음탄탄 한국사 09	⚠ 주 의
제조자명 주식회사 스푼북 | **제조국명** 대한민국 | **전화번호** 02-6357-0050 **주소** (03993) 서울시 마포구 월드컵북로6길 88-7 ky21빌딩 2층 **제조년월** 2024년 11월 01일 | **사용연령** 10세 이상 ※ KC마크는 이 제품이 공통안전기준에 적합하였음을 의미합니다.	아이들이 모서리에 다치지 않게 주의하세요.